La Sagrada Familia

La Sagrada Familia

Yosmel Serrano

Para realizar pedidos de este libro, contacte con:
Palibrio
1663 Liberty Drive
Suite 200
Bloomington, IN 47403
Gratis desde EE. UU. al 877.407.5847
Gratis desde México al 01.800.288.2243
Gratis desde España al 900.866.949
Desde otro país al +1.812.671.9757
Fax: 01.812.355.1576
ventas@palibrio.com
636556

ÍNDICE

YOSMEL SERRANO ARIZA

Camagüey, Cuba, 1975. Desde pequeño muestra profunda afición por la literatura. Escribe su primer poema a los 6 años de edad, pero se dedica a hacer la licenciatura en ingeniería, que abandona después de 4 años de estudio.

Se incorpora entonces al movimiento de talleres literarios, y en el 2001 es seleccionado para integrar el Taller Especializado del Centro "Nicolás Guillen", ubicado en la Casa Natal del poeta. A partir de ese momento comienza una actividad literaria más intensa, y en el 2003 es invitado a formar parte de la sección de literatura de la Asociación Hermanos Saíz, AHS, que agrupa a jóvenes escritores y artistas.

Participa como jurado del evento Nacional "Gertrudis Gómez de Avellaneda" en dos ocasiones (2002 y 2003), así como en la XIII Edición del Festival del Creador Musical "Félix Agüero Roldán", para atender la calificación de los textos. Es finalista del Evento Nacional de Narrativa de la AHS de la provincia Ciego de Ávila, en 2005. Con el presente poemario "La Sagrada Familia", obtiene Mención Especial del Jurado del evento nacional "Del verso y la miel", concurso literario de la AHS en Holguín.

En 2010 se traslada a la ciudad de Miami, donde reside actualmente. En el año 2012 comienza a estudiar cinematografía en Miami Dade College. Uno de los Poemas incluidos en este cuaderno, traducido al Inglés, obtuvo el 3er Premio en el "Fred Shaw Poetry Contest", del Miami Dade College, 2014.

ÍCARO[1]

---

[1] Quiero olvidar el tiempo en el que existo
como reiteración de algún pasado,
o el pasado continuo conque visto
mi tiempo, indelegable a ningún hado.

Dulce visión, la ingenua. El entramado
de sierpes lo confunde con la roca.
Y entre paz y opulencia, el gusto aboca
con la sentencia, en goces del Egisto.
Yo que no puedo, aún, quemar la roca,
quiero olvidar el tiempo en el que existo.

Entré en la selva de los relojes

F. G. Lorca

SOMNUS

¡Qué no puedo dormir!

Me está doliendo un árbol en la axila.

Puedo escuchar su beso y duele como un pico,

o como un beso mustio.

Fui la espalda del grito,

me puse el laberinto sin pedir misericordia,

soporté las astillas sin reír.

La luna es un espejo inflexible.

¡¿Qué más quieren que diga?!

¡Adiós!

¡Váyanse todos!

Que no puedo dormir.

UIXACHTECATEPETL

Sé que acecha la hora
en que las mujeres encintas se convertirán en demonios hambrientos,
y el silencio y la estática serán dueños de todo,
menos del mecanismo
que habrá de alimentar cada cerebro
hasta que el último centímetro de carne se digiera.

Las niñas de ojos verdes recuerdan esta hora
y la infinita fecundidad de su silencio.
El tiempo correrá a donde éramos plantas,
al principio en que el rayo nos separó del agua
y aprendimos el miedo.

Acecha desde entonces,
pero no hay, esta diástole,
fronteras de alabastro que puedan detener la bífida expoliación.
no hay música en los poros que contenga sus múltiples;
ni ojos de cielos verdes en la luna.
para conjurar al secundario.

TELÉMACO

A mi hijo

Hoy, Alejandro, tú,

pudiera ser yosmel,

O ernesto, O federico...

Mañana: será Fausto,

David,   Alejandrito.

O con algo de suerte:

MEGERA

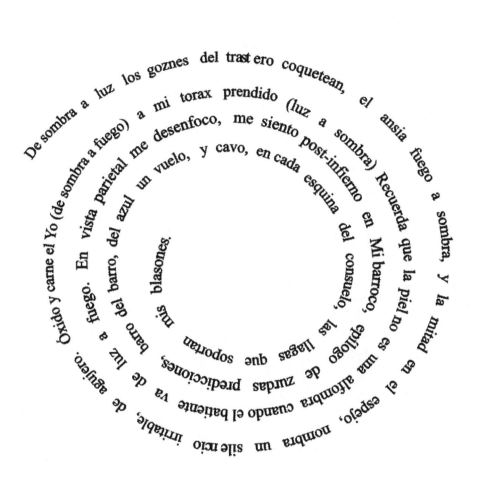

De sombra a luz los goznes del trastero coquetean, el ansia fuego a sombra, y la mitad en el espejo, nombra un silencio irritable, de agujero. Óxido y carne el Yo (de sombra a fuego) a mi torax prendido (luz a sombra) Recuerda que la piel no es una alfombra cuando el batiente va de luz a fuego. En vista parietal me desenfoco, me siento post-infierno en Mi barroco, epílogo de zurdas predicciones, barro del barro, del azul un vuelo, y cavo, en cada esquina del consuelo, las llagas que soportan mis blasones.

NADIE

Llevó   su   foto   hasta   Angola

y   Nicaragua,   en   Madrid

se abrió la bolsa de Eolo

y el barco no resistió.

(Ya se le habían quebrado las agujetas.)

JESÚS

Nunca   **ha teni**do   novia.

Sus padres   se   **pelearon**   **a muerte**

cuand**o,**   **como un**   **b**ultico,

come**nzó**   **a**   **apa**recer,

y, des**de**   **enton**ces,

camina entre

las sombras

de todos

un   **bulti**co,

que sueña con milagros.

PEDRO

suena el teléfono

SUENA

no sé si tomarlo

SUENA

nadie sabe dónde estoy

o alguien ya lo sabe

SUENA

yo creo que mejor me voy

TEO

, incluso,

Desde su nombre   emana la condena.

Todo el que a   se vuelve, lÉ pierde

Él

RATI

Contemplo a una mujer, a cuatro pasos

imprevisibles e íntimos.

Gozo la transparencia de sus ojos,

de los pliegues del lino,

de los cuatro pudiera que aguardaran mi pretensión de trípode;

su mano bajo el seno acariciante, bélico.

Como un adolescente

persigo la frontera del pezón.

Redescubro mis muslos en ese menester que los deshace propios.

Redescubro sus ojos,

las caderas perdidas que retornan.

Y cruza: buenos días.

ORFEO

Tus ojos, como peces que saltan la corriente,

como luz reflejada,

    entre la madrugada,

        por cristales de autos, se escurren en mi mente.

        Aguardando el camino sobre el péndulo. Inerte,

     el tiempo va en cascada

     hasta el inicio. Más nada

    somos que de los hijos de la muerte

    embriones,

   sabios peces

   durmiendo en una red:

l   a   s   r   e   f   l   e   x   i   o   n   e   s.

Esas que ahora me ahuyentan de gestar nueve meses

en este mar de sed.

JUDAS

No me he rajado más desde que dije

que yo soy un rajado,

y sigo firme

.

ISIS

Tanto vacío le dejaron

que ni soledad tenía.

Se le volvió un eco el canto;

Luto, la filantropía;

el recuerdo, rebeldía;

y meta, el son de sus pasos;

pues tan poco le dejaron

que ni soledad tenía.

EDIPO

Estaba el HECHO   enfrente solo se hallaba un hombre

No haría de aquello un tomo de sus obras completas

siquiera una teoría para entender por qué

se coció ante sus ojos

el tibio pan de huesos que nadie había ordenado

No era ni Freud ni Einstein

ni tan solo cualquiera

y se marchó acallando la nube tras los ojos
entre sus pies

ingenuo
y se marchó acallando la nube tras los ojos
entre sus pies

ingenuo

amasando otros hechos

EPITAFIO DE OSIRIS

Fue, de sí mismo,

general y carne de cañón.

...Y General

TESEO

El breve salto. La piel esperando una garganta.

de la condena sucinta.

un trazo sigue el ovillo de tinta

Y, por el vértigo,

En la espiral,

el abrazo;

el vaivén;

Sobre el silencio,

La tinta espera

otro brazo

Un dedo inicia la marcha entre el cilindro y la sien.

ECO

Ver que se va haciendo tarde

y sigue la noche oscura,

mientras se va haciendo tarde.

Ver que termina el alarde

de luz que fue el mediodía,

y queda la noche fría

mientras se va haciendo tarde,

Y sigue la noche fría.

y sigue la noche oscura,

mientras se va haciendo tarde

CARONTE

(Desde su gentilicio ambulatorio)

El conductor de ómnibus interprovinciales cuenta

De la miseria,

La alegría,

El guanajo a quince pesos la libra,

Los cementerios israelitas,

El NISSAN rojo, chapa CDB 669, estacionado al borde de la carretera,

"las puticas de ciento cincuenta pesos",

no recuerda si a dos pesos la libra o a diez los años;

pero olvida muy poco:

pequeños detalles como ese

y que los cristales de sus espejuelos no eran la pantalla del televisor.

No hay nada que temer ni nada que querer no son tu origen ni tu destino

Ninguno tiene el rostro que acuña la moneda.

Solo tienen la cruz, perpetuando en el suelo

La engañosa intermitencia de la vida.

MARDUK

, filial y gris.

, fugaz

, fatuo

Fértil

Agua,

ascua,

acero y fácil.

Gota: a   donde?

Hoy llega el nono con
un ocho intenso,

Perfecto y sin salida,
como un cuerpo
tendido de mujer.

Trae todavía los ecos
del aliento,

Pero va deshojando
en sustantivos

Un mes de siete sába-
dos, y de ningún do-
mingo.

Crono

¿Dónde andará el tálamo
perdido, la brida de correr

El descanso intensivo para
este gozne en que no sé
qué hacer

Con tantas naves que dejó
al partir, con tantas noches
de que me hizo dueño.

Ahora que mi cruz se
ha partido

 en dos unos sin luz,

Que voy a hacer con
esta larga y

 que me atraviesa el
sueño.

DURGA

~~Fabulaciones~~

~~Dulce juventud~~

Todos los versos perdidos son para la misma mujer,

la del tiempo en la mano,

la sonrisa,

la mirada anhelante de jugar al deseo

con el propio deseo,

evitando el escollo

de tener en su cuenta que ambos son ella misma.

~~Elemental al punto que se puede ensamblar un sueño con sus quarks.~~

La de caderas firmes de corcel y amazona,

senos de manantial y piedra adjunta,

dedos de viento y sol.

La otra sonrisa

que atrapa en un quejido el miedo y el placer,

los ojos de reflejo del espejo en tus ojos...

La que se va de pronto, como mismo llegó,

quitándose el olvido antes de darte el nombre,

y te deja buscando un lápiz por gavetas,

igual que busca un náufrago un madero en el mar,

con la esperanza ingenua de encontrarla en imágenes

que han de ser todas de ella,

o ninguna.

20·04·06

ULYSSES

en el patio
hay un hombre
colgado en una cruz;
una espina, en sus pies,
y silencio, en su frente.
hay
U
N

H
O
M
B
R
E

colgado en un recuerdo;
Un recuerdo, en la cruz;
La cruz, en un silencio;
Un silencio, en la espina;
Una espina, en los pies.
En los pies hay
U
N

P
A
T
I
O
colgando.

Printed in the United States
By Bookmasters